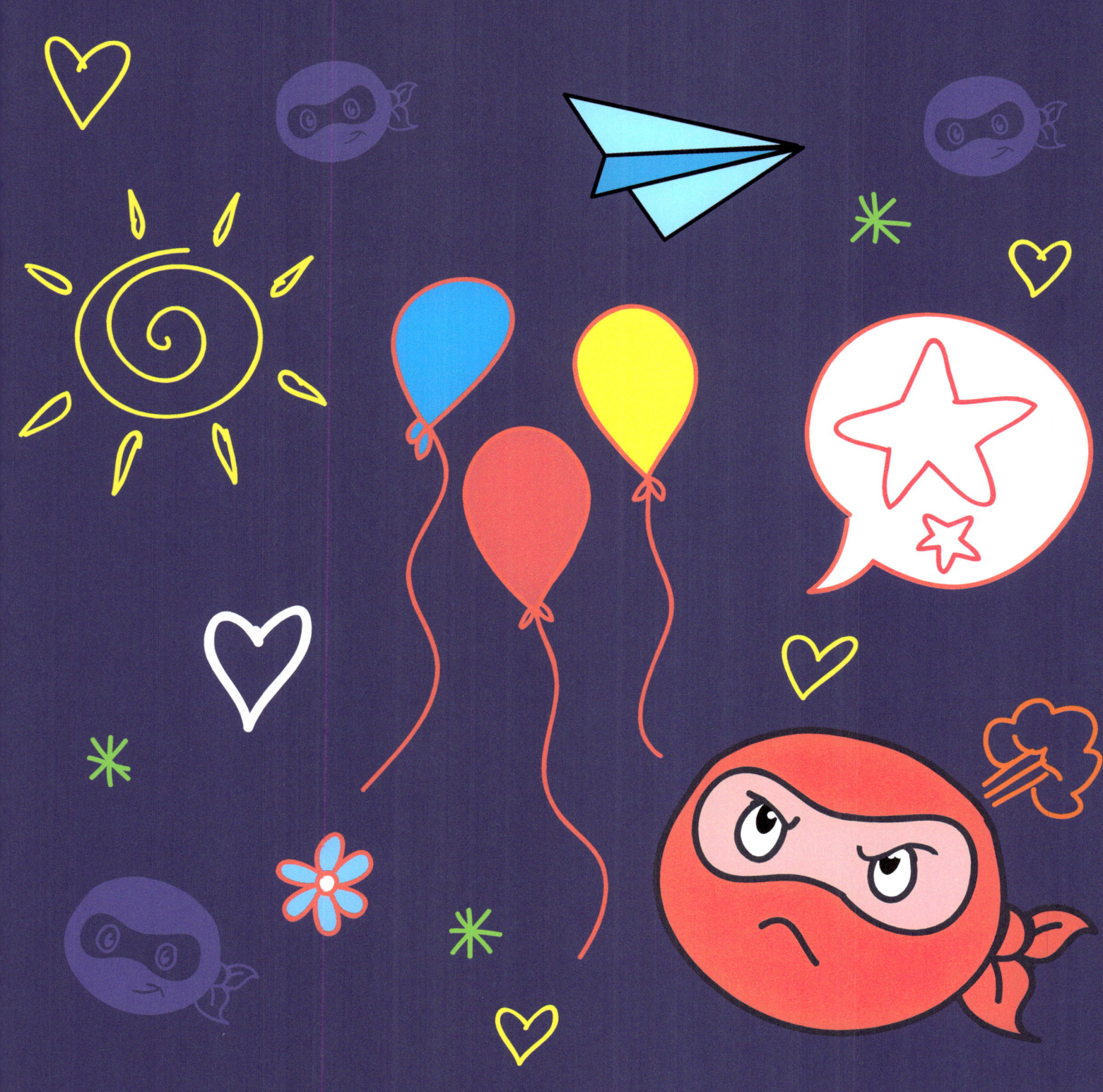

Este libro es dedicado a mis hijos- Mikey, Kobe y Jojo.

Copyright © Grow Grit Press LLC. Todos los derechos reservados. Ninguna parte de este libro puede ser reproducida en ninguna forma sin el permiso por escrito de la editorial. Por favor, envíe solicitudes de pedido al por mayor a info@ninjalifehacks.tv Impreso y encuadernado en los Estados Unidos. NinjaLifeHacks.tv
Paperback ISBN: 978-1-63731-502-6
Hardcover ISBN: 978-1-63731-503-3

El Ninja Solitario

Por Mary Nhin

Solía sentirme como si estuviera solo en una isla.

Y me sentía triste sin tener quien apoyarme.

A veces, estaba molesto y preocupado de que el sentimiento nunca se fuera.

Otras veces, me sentía confundido y no estaba seguro de por qué me sentía así.

Parecía que nadie se preocupaba por mí, y tenía tantas ganas de escapar de ese sentimiento.

Un día, mi amiga, la Ninja Comprensiva, me encontró solo en el patio del recreo. No me veía muy feliz.

Hola Ninja Solitario, ¿por qué estás tan triste?

No sé por que.

Está bien sentirse solo. A veces me ocurre a mi también. Todos experimentamos la soledad de vez en cuando. Sin embargo, hay algunos métodos probados y verdaderos para ayudarnos a sentirnos menos solos.

Saca tiempo para compartir con los animales.
Acepta la soledad en lugar de querer escapar de ella.
Voluntariamente ayuda a alguien.
Exprésate a través del deporte, la escritura, la música o el arte.

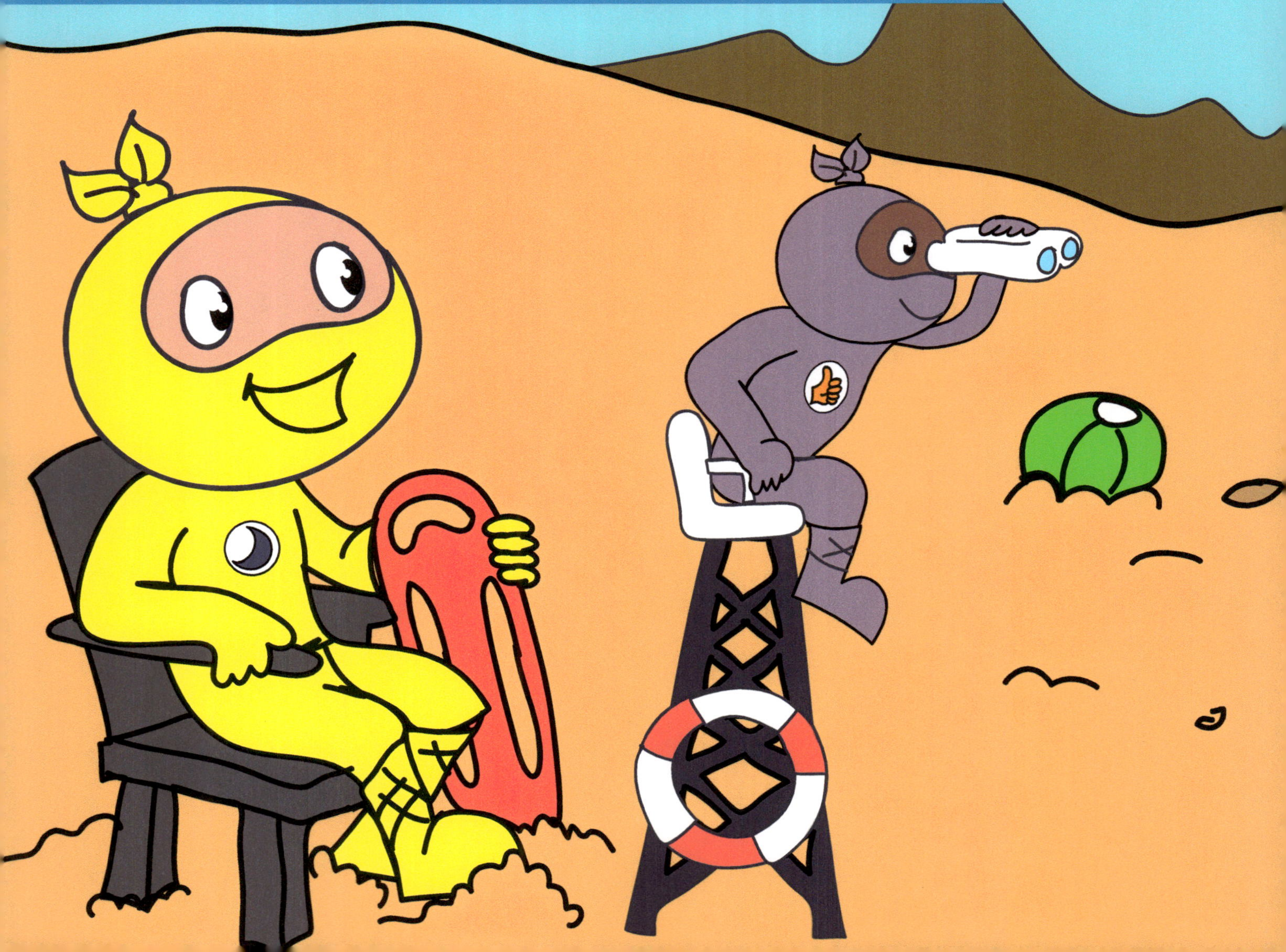

Cuando aceptamos nuestras emociones o sentimientos de soledad, podemos empezar a superarlos.

Cuando nos ofrecemos como voluntarios y regalamos nuestro tiempo, nuestro cuerpo libera químicos buenos que nos ponen de buen humor.

Por último, podemos usar el arte, la música, los deportes o la escritura para expresarnos.

Exprésate

Al día siguiente, dibujé algunas caricaturas nuevas en mi cuaderno. Practiqué con mi guitarra y jugué baloncesto.

Esa tarde, escribí en mi cuaderno.

A la hora de la cena, mi estado de ánimo había mejorado mucho. Incluso me uní al juego de mesa con mi familia esa noche.

Le agradezco mucho a mi amigo por mostrarme el método S.A.V.E. ¡Realmente funciona cuando me siento solo!

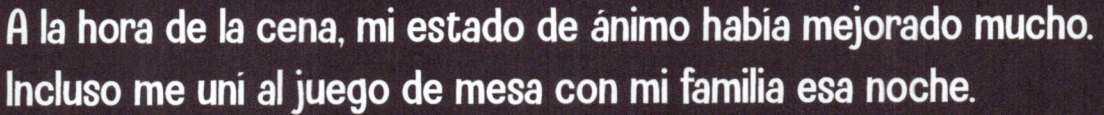

El recordar la estrategia S.A.V.E. podría ser tu arma definitiva contra la soledad.

¡Visita ninjalifehacks.tv para obtener imprimibles divertidos gratis!

- @marynhin @officialninjalifehacks
  #NinjaLifeHacks
- Mary Nhin Ninja Life Hacks
- Ninja Life Hacks
- @officialninjalifehacks

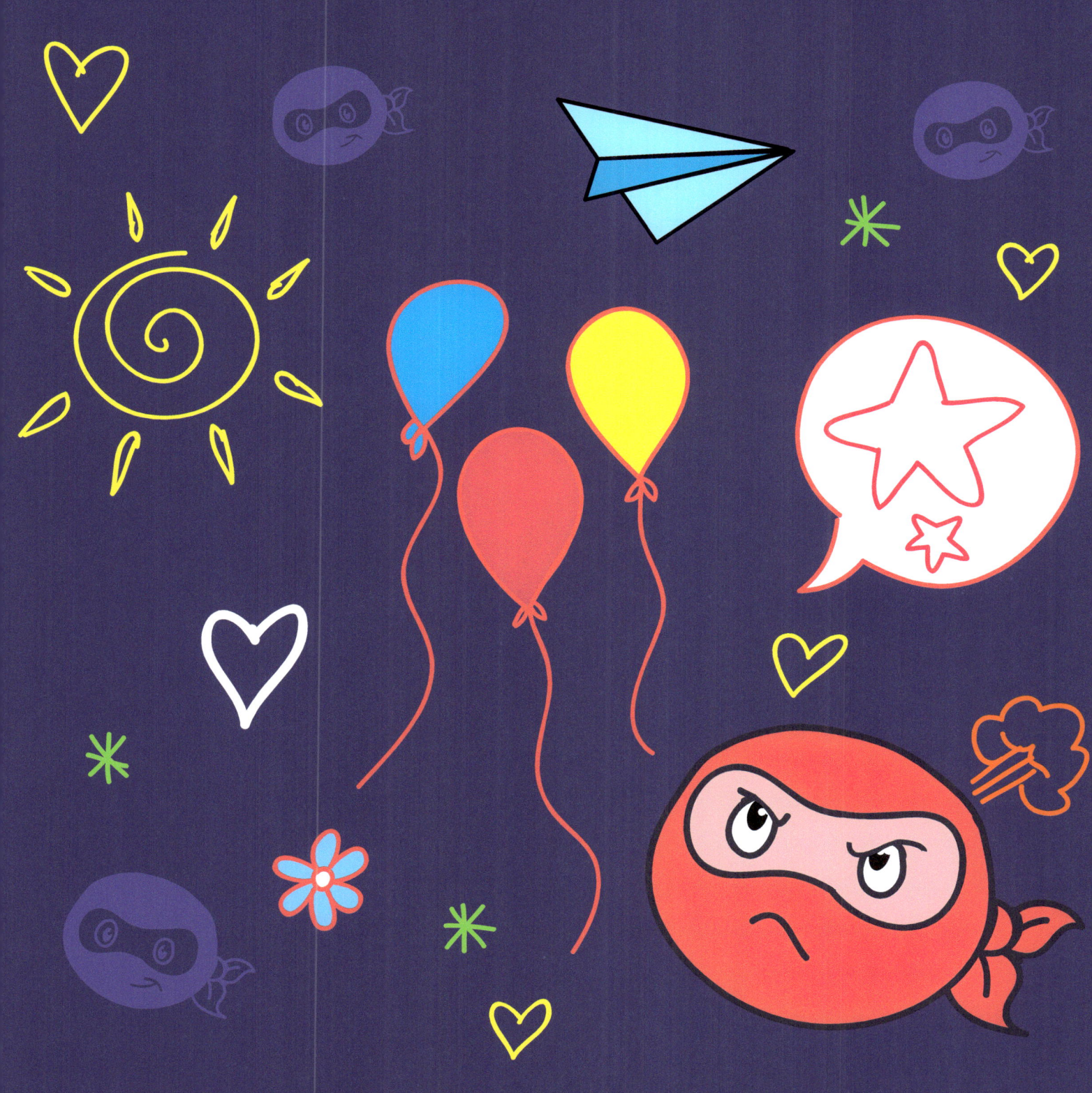

www.ingramcontent.com/pod-product-compliance
Lightning Source LLC
Chambersburg PA
CBHW041107070526
44583CB00002B/101